Credit

Prác

Una Guía Práctica, Con Todos Los Secretos Y
Trucos Para Mejorar Su Puntuación De
Crédito; El Libro Que Cambiará Su
Puntuación De Crédito Para Siempre

John Cash – Credit Score Academy

Introducción

La realidad es que vivimos en una sociedad que casi exige que tengamos algún tipo de crédito, no para salir adelante, sino simplemente para sobrevivir. Cuando no lo tenemos, sufrimos en más de un sentido.

¿Qué mejor razón hay para empezar a arreglar nuestra salud financiera que ésta? Sí, puede ser aterrador, impredecible y estresante, pero aplicando las estrategias descritas en este libro, usted puede encontrar su camino hacia una reparación de crédito exitosa sin el gasto adicional de contratar servicios para hacerlo por usted.

Hay un excelente beneficio en arreglar su crédito usted mismo. No sólo se ahorra un gasto adicional cuando ya está en apuros financieros, sino que se convierte en un experto y juega un papel importante en su propia vida.

Aplicando la información de este libro, tendrá suficientes recursos a su disposición para volver a encarrilar sus finanzas. Dicen que se necesitan tres semanas para adquirir hábitos duraderos. Cuando sea capaz de hacer un presupuesto y vigilar cómo gasta, se dará cuenta rápidamente de que está desarrollando nuevos hábitos.

Esta guía cubrirá todos los consejos y trucos que usted necesita saber para conocer los puntajes de crédito. Usted puede utilizar estas administraciones si usted está preocupado por el fraude al por mayor, o cuando usted está construyendo su perfil de crédito y usted tiene que la pantalla de su avance. Si su requerimiento de puntuación de crédito es fácil, no tiene que dejar de lado los gastos mensuales para pagar una ayuda de observación.

laguna para aumentar su crédito.

Cómo aumentar su puntuación de crédito de puntos

Usted puede, en cualquier caso, mejorar su calificación FICO, independientemente de si usted no puede conseguir cualquier cosa negativa expulsado, o en la posibilidad de que usted elija para sentarse apretado para ellos a caer fuera de su informe normalmente. Es igualmente imperativo para hacer frente a las acumulaciones con la consideración para que no erróneamente restablecer la fecha del límite de tiempo legal.

Siga estos medios como un aspecto importante de su sistema de fijación de crédito de largo alcance para asegurarse de que usted hace la mayor parte de todas las cosas consideradas y esquivar las dificultades accidentales que podrían causar daño duradero.

Examine sus cuentas en cobro

Comience por echar un vistazo a sus acumulaciones en curso. Son las que más afectan a su crédito, ya que las obligaciones más recientes se ponderan con mayor intensidad. Además, concéntrese en el tipo de obligación que está pagando.

La obligación medicinal no influye en su reconocimiento tanto como los diferentes tipos de obligación, así que céntrese en cualquier obligación no terapéutica primero. Trate de hacer cuotas completas ya que las cuotas a medias pueden restablecer en la medida de lo posible para lo que los registros pueden permanecer en su informe de crédito.

Usted puede igualmente intentar arreglar un acuerdo con la organización de acumulación para pagar menos de lo que debe. Simplemente entienda que usted puede tener que reportar la suma que fue rechazada como pago en su formulario de evaluación, lo que podría traer mayores gastos e incluso una tasa de derechos más alta en la remota posibilidad de que te golpea en otro nivel de pago.

Otro problema para satisfacer las acumulaciones de pagos atrasados puede ocurrir si la oficina de recaudación hace como si usted no hubiera hecho ningún pago. Mantenga una distancia estratégica de este truco obteniendo entendimientos de cuotas registrados como una copia impresa y manteniendo duplicados de todos los informes identificados con el registro.

Siga revisando su crédito

Cuando usted ha tratado con sus registros en las acumulaciones, asegúrese de que esas progresiones son precisamente pensado en su informe de crédito. Puede tomar uno o dos meses para que los registros caigan, así que aguante un poco antes de revisar su reporte y su calificación FICO.

En el caso de que no perciba ningún cambio positivo, o que lo negativo esté aún registrado, debería documentar un debate con la autoridad crediticia. Para cualquier longitud de tiempo que mantuvo grandes registros, usted debe tener toda la documentación adecuada su requisito para un proceso de debate ágil.

Consejos rápidos para reparar su crédito

Obtener cosas negativas borradas de su informe de crédito puede tener resultados emocionales en su evaluación financiera, sin embargo, es un procedimiento que puede tomar un montón de tiempo.

En caso de que usted está buscando para las actualizaciones rápidas, hay todavía un par de técnicas que puede utilizar. Algunos son pequeños arreglos, mientras que otros pueden en la actualidad tienen un efecto importante, así que revise el listado completo para ver cuáles puede intentar hoy para arreglar su crédito.

Reduzca su índice de utilización del crédito

Cuanto más cerca esté de maximizar sus tarjetas, más baja será su calificación FICO.

De esta manera, es un buen presagio que al cuadrar sus ecualizaciones en sus tarjetas de crédito puede bajar su proporción e incrementar su puntuación. Concéntrese en las tarjetas maximizadas en contraposición a las que tienen ajustes bajos; de este modo, podría ver hasta un incremento de 100 puntos en un tiempo de un par de meses.

Solicite un aumento del límite de crédito en las tarjetas de crédito

En el caso de que no pueda soportar satisfacer la obligación adicional de disminuir su uso de crédito, sin embargo, tiene una oportunidad de mejoras. Llame al menos a uno de sus proveedores de tarjetas de crédito y solicite una ampliación del límite de su tarjeta.

Usted prefiere no cargar realmente nada más de lo que a partir de ahora debe, esencialmente necesita tener un punto más alto con el objetivo de que su paridad actual comprenda un nivel más pequeño de su crédito accesible.

He aquí un modelo. Supongamos que debes 5.000 dólares en una tarjeta con un límite de 10.000 dólares. Utilizarías la mitad de tu crédito. Sin embargo, en el caso de que consiguieras que tu límite llegara a los 15.000 dólares, en ese momento tu equiparación de 5.000 dólares sólo utilizaría el 33% de tu punto de ruptura.

Al decidir a su jefe de préstamo, ayuda en la posibilidad de que usted ha presentado normal a tiempo las cuotas desde su comienzo con ellos. Lo más probable es que estimen la fidelidad del cliente lo suficiente como para permitir su crédito a la línea.

Convertirse en usuario autorizado

Construir su historial como consumidor lleva mucho tiempo, sin embargo hay una forma alternativa accesible. Localice a un querido compañero o pariente que tenga un crédito sólido y de larga duración y solicite convertirse en un cliente aprobado en al menos uno de sus registros. Ese registro de Mastercard, naturalmente, se añadirá sorprendentemente informe por completo.

Hay un toque de peligro asociado con este movimiento: si su compañero o pariente deja de hacer cuotas o transmite una enorme ecualización, esos pasajes negativos se añadirán sorprendentemente a la historia.

De la misma manera, en el caso de que usted acumule ajustes adicionales y no ayude a realizar las cuotas a su cargo, el crédito del otro individuo terminará dañado. Esto puede ser una estrategia increíble, sin embargo, requiere un poco de alerta.

Solidifique su deuda de tarjeta de crédito

Otro método rápido para arreglar su crédito es considerar la posibilidad de obtener un avance de solidificación de obligaciones. Es esencialmente un tipo de avance cerca de casa que usted utiliza el resultado de sus diferentes Mastercards, en ese punto pagar un mes solitario al mes el equilibrio en el avance.

Dependiendo de sus costes de financiación, puede tener la opción de conseguir una buena oferta en sus cuotas regulares al obtener una tasa de avance más baja. Busque entre los distintos tipos de interés que se le ofrecen, y compruebe cómo se comparan con los de su tarjeta actual.

Independientemente de si usted hace la inversión inicial en sus cuotas regulares, su evaluación FICO en la actualidad observar un ascensor ya que los avances de la porción se ven más positivamente que el crédito de giro.

Obtenga un préstamo para el desarrollo del crédito

Los bancos más pequeños y las asociaciones de crédito ofrecen regularmente anticipos de fabricantes de créditos para permitir a la gente arreglar su crédito. Cuando usted toma el crédito, los activos se almacenan en un registro que no está listo para llegar a.

En ese momento empiezas a hacer pagos regulares de la suma del anticipo. Cuando haya reembolsado la totalidad del crédito, los activos se descargan para que los pueda utilizar.

Puede parecer inusual para beneficiarse no puede gastar, sin embargo, es un camino para el establecimiento monetario para sentirse asegurado mientras se obtiene una oportunidad para corroborar a sí mismo como un prestatario capaz.

Cuando usted efectivamente completar sus cuotas y obtener el dinero en efectivo, el banco informa de sus cuotas como a tiempo a las autoridades de crédito para ayudar a su calificación FICO.

Utilice sólo un pequeño segmento de su límite de crédito

"El uso del crédito" es la representación del nivel de su punto de ruptura de crédito que está utilizando. La suma que utiliza afecta poderosamente a su evaluación FICO - sólo pagar a tiempo importa más.

La mayoría de los especialistas prescriben no ir más allá del 30% en cualquier tarjeta, y más bajo es mejor para su puntuación. Cuando su tarjeta Mastercard informa a los departamentos de crédito de una ecualización más baja, su puntuación puede beneficiarse. Su puntuación no se verá perjudicada por el alto uso de crédito en el pasado una vez que haya reducido los ajustes.

Consiga un cofirmante

En caso de que tenga dificultades considerables para acceder al crédito, pida a un familiar o a un compañero que firme conjuntamente un anticipo o una tarjeta de crédito. Esto es un apoyo colosal: Estás solicitando que esta persona ponga su notoriedad crediticia en espera por ti y que asuma toda la responsabilidad del reembolso en caso de que no pagues según lo acordado. El co-suscriptor también puede ser rechazado en caso de que solicite más crédito más adelante, ya que este registro se tendrá en cuenta en el estudio de su perfil monetario. Utiliza esta alternativa con alerta y asegúrate de que puedes reembolsar. La incapacidad de hacerlo puede perjudicar la notoriedad crediticia del cofirmante y su relación.

Pague a tiempo

Atienda a sus cuentas y a las ampliaciones de crédito en curso en el plazo previsto, sin falta. Ningún factor influye tanto en su evaluación financiera como su historial de pagos puntuales. Cuando está reconstruyendo su crédito, no puede soportar el incumplimiento de una cuota.

Las cuotas atrasadas permanecen en sus respuestas crediticias hasta siete años, por lo que se tarda más tiempo en recuperarse de ellas que de otros deslices crediticios.

En el caso de que algunas facturas acaben de convertirse en morosas, sin embargo, organice las que todavía tiene abiertas en su registro. Los recolectores pueden hacer la mayor parte del clamor, sin embargo, no son su principal necesidad.

La laguna que no te cuentan

Para empezar, entienda que todos los informes de crédito se hacen en tiempo real, electrónicamente en formato digital. No hay ningún tipo de papeleo. Y esta es su clave para ganar la guerra, a los tres grandes. Y ahora vas a aprender por qué y cómo puedes ganar.

Resulta que todas sus cuentas financieras y sus comprobaciones de crédito, desde los bancos hasta las tarjetas y las solicitudes, se informan digitalmente. Nunca hay documentos de verificación firmados en húmedo con respecto a su informe de crédito.

Cada mes, todos sus acreedores, desde los bancos hasta las compañías de tarjetas de crédito, envían archivos electrónicos que contienen los detalles de las transacciones de sus cuentas a cada una de las tres grandes CRA. Estos informes de crédito

¿Cómo obtener una tarjeta de crédito?

Algunas instituciones financieras exigen que la persona que desea adquirir una tarjeta de crédito tenga una cuenta pasiva con ellas, es decir, una cuenta de ahorro, una cuenta nómina o un depósito a plazo fijo. Cabe mencionar que esto no es un requisito, pero ayuda a la institución financiera a tener conocimiento previo de sus ingresos y puede facilitar la adquisición de una tarjeta. Los requisitos para poder obtener una, van en función de lo que solicite el banco, pero a continuación se darán a conocer los más imprescindibles.

Debes demostrar que generas ingresos mensuales y que no superas tu capacidad de sobreendeudamiento. Puedes adjuntar tus recibos de sueldo, recibos de honorarios u otros medios que avalen tu economía. Cuantos más años hayan trabajado en una empresa, menor será el riesgo para el banco, lo que ayuda en la evaluación del crédito.

Tener un buen historial crediticio:

Si eres una persona que ha tenido una tarjeta de crédito anteriormente y se ha retrasado en sus pagos por alrededor de 4 a 6 meses, déjame decirte que no tienes un buen historial crediticio y será muy complicado obtener una tarjeta de crédito, por el riesgo que representa. Pero si eres una persona que apenas está comenzando con la banca y a obtener su primera tarjeta, en buena hora, tienes los consejos adecuados para evitar ser reportado en la central de riesgo.

Tenga un Aval:

Si estás con una mala categoría en la central de riesgo, pero pagaste toda tu deuda con esa entidad financiera y el sistema aún no está actualizado. Te pueden pedir un aval y tu carta de no deuda, como garantía para que te den el préstamo.

Estos son solo algunos de los requisitos que piden los bancos, sin embargo dependerá de la evaluación crediticia que hagan, analizando muchos más puntos

La forma correcta de comprobar su informe de crédito

Todo lo que necesita saber sobre los informes de crédito

Todas las oficinas de crédito recopilan mucha información sobre usted, y todo ello se incluye en su informe de crédito. Si alguien quiere saber sobre el uso que ha hecho del crédito en todos estos años, un vistazo al informe de crédito lo revelará todo. El informe lo tiene todo, desde si ha pagado todas sus facturas a tiempo hasta el importe de la deuda que pueda tener. Las tres agencias de crédito, es decir, Equifax, Experian y Transunion, son las que recogen esa información y la compilan en forma de informe. Toda la información incluida en su informe se recoge de diferentes fuentes (es decir, prestamistas).

Siempre que quiera solicitar cualquier tipo de préstamo o crédito, como préstamos para estudiantes, tarjetas de crédito, préstamos hipotecarios y préstamos para automóviles, todos los prestamistas querrán echar un vistazo a su informe de crédito. Sólo te concederán el crédito cuando hayan evaluado tu informe crediticio y todo parezca estar bien. Sus estadísticas deben coincidir con los términos establecidos por ellos y si no, entonces usted no va a obtener sus tasas favorables.

¿Qué contiene un informe de crédito?

La información que está presente en su informe de crédito se utiliza en la búsqueda de su puntuación de crédito. Y toda esa información será utilizada por los prestamistas para predecir cuál va a ser tu comportamiento futuro con respecto al crédito. En esta sección, voy a explicar parte de la información que encontrarás en un informe de crédito -

Información personal

Esta es la lista de información que puede ser usada en el futuro para identificarte como persona. Toda esta información no se utiliza para encontrar su puntuación de crédito. Algunas de las cosas que se incluyen en esta sección son su nombre, cualquier error ortográfico que haya sido sacado a la luz por los acreedores, los alias (si los hay), las direcciones de casa (anteriores y actuales), el número de la Seguridad Social, los empleadores (anteriores y actuales) y los números de teléfono.

Registros públicos

Si se han emprendido acciones legales contra las cuentas financieras de la persona, entonces aparecerán en la sección de registros públicos. Pero cualquier información no financiera o delitos menores o arrestos no se incluyen aquí. Está destinado únicamente a las acciones financieras y legales, y si tiene algún registro público en su informe de crédito, entonces se considera que es malo y probablemente no va a recibir créditos o préstamos.

Cuentas

Cualquier préstamo a plazos o crédito renovable se incluye en esta sección. Hay tres categorías para estas cuentas: cerradas, negativas y abiertas. Cuando usted ha estado en buenos términos con el acreedor, ellos reportarán lo mismo. Se considerará que sus cuentas están en buena situación. Pero a veces usted puede no encontrar cierta información de la cuenta porque no fue reportada por los acreedores. Si su acreedor ha informado, entonces los saldos mensuales de hasta dos años de cualquier cuenta podrían aparecer en esta sección.

Algunas de las cosas negativas que pueden incluirse son las bancarrotas, los retrasos en los pagos o cualquier tipo de cuenta que haya sido remitida a la cobranza o que pueda ser cancelada. Si una cuenta ha sido transferida o liquidada, entonces eso podría no tener ningún impacto malo en su puntuación o informe. Definitivamente sería algo que cualquier acreedor miraría más de cerca.

Consultas de crédito

Otra sección de su informe de crédito es la de las consultas de crédito, en la que se enumeran los nombres de las empresas que han consultado recientemente su información crediticia. Por lo general, su informe de crédito puede tener una consulta hasta dos años desde que se hizo.

Algunas cosas que no se mencionan en su informe de crédito son su información marital, su nivel de educación o incluso su saldo bancario. Si un acreedor ha informado del nombre de su cónyuge, entonces eso podría estar incluido en el informe. Pero si usted se ha divorciado y no quiere que el nombre de su cónyuge aparezca en el informe de crédito, entonces puede proceder a disputar la información que aparece en su informe de crédito.

¿Cómo corregir los errores en el informe de crédito?

Errores los comete todo el mundo, pero si el error es demasiado vital y va a afectar negativamente a tu puntuación de crédito, entonces no deberías soportarlo. La CFPB o Oficina de Protección Financiera del Consumidor ha declarado que la principal queja que reciben es cómo los informes de crédito contienen información incorrecta. La FTC o la Comisión Federal de Comercio había llevado a cabo un estudio en el que se encontró que el 26% de los participantes sacó a la luz que sus informes tenían al menos un error debido a que su solvencia se redujo. Por lo tanto, estos errores catastróficos son los que le van a impedir obtener tipos de interés competitivos, condiciones de préstamo favorables y una nueva línea de créditos. Y por eso también debe seguir revisando su informe de crédito para asegurarse de que no hay errores en él. Pero para facilitar las cosas, antes de pasar a ver cómo puede corregir el error, voy a proporcionarle una visión general de los errores más comunes que se encuentran en un informe.

A veces la gente sigue cambiando sus nombres al solicitar un crédito, y en ese caso, si se produce un error es por su culpa. Por lo tanto, debería utilizar siempre el mismo nombre cuando solicite un crédito y ser coherente con él en todas partes. Incluso si se utilizan las iniciales, también deben ser las mismas. Si no lo hace, puede ocurrir que su informe se superponga con el de otra persona que tenga el mismo nombre que usted. Y la misma coherencia debe mantenerse con cosas como su dirección y número de la Seguridad Social.

Este es un tipo de error. Otro tipo de error es cuando usted no introdujo todos los detalles en su informe de crédito. Esto es cuando a una persona se le niega el crédito porque no había un archivo de crédito, o había un archivo de crédito insuficiente. En estos casos, todas las cuentas de crédito de una persona no suelen estar incluidas en su expediente de crédito y es entonces cuando surge el problema. Pero también hay que tener en cuenta que varias tarjetas de crédito polivalentes emitidas por los bancos y las tarjetas de crédito de los grandes almacenes nacionales no se incluyen en el informe de crédito y que no todos los acreedores facilitan la información a las agencias de crédito de forma voluntaria. Esto se debe principalmente a que los acreedores no están realmente obligados a hacerlo.

Por lo tanto, si usted encuentra que su informe de crédito no tiene alguna información o cuenta, tiene que hablar primero con su acreedor y decirle que tiene que informar a las agencias de crédito. Si no están de acuerdo con ello, entonces debes considerar la opción de trasladar tu cuenta a alguna otra oficina de crédito que reporte estas cosas regularmente.

Algunos otros errores que se producen en un informe de crédito son los siguientes

Ha habido un error administrativo al introducir la información, por ejemplo, su dirección o nombre, especialmente cuando había presentado una solicitud escrita a mano.

A veces también puede ocurrir que los pagos de préstamos o tarjetas de crédito de otra persona se hayan asignado a su cuenta.

En caso de que decidas cerrar tu cuenta de préstamo o tarjeta de crédito, tienes que asegurarte de que se indique "cerrado por el otorgante"; de lo contrario, podría dar la idea errónea de que no fuiste tú sino el acreedor quien cerró tu cuenta.

Los prestamistas podrían ver doble cuando la misma cuenta ha sido reportada dos veces, lo que podría dar la idea de que su deuda es en realidad más alta de lo que parece, o que tiene más líneas de crédito abiertas.

En caso de que se haya divorciado, su informe de crédito no debe incluir ninguna deuda que haya pertenecido a su antiguo cónyuge.

Si hay alguna deuda mala o cuentas misteriosas, entonces también podría ser por culpa de los ladrones de identidad y deberías tener cuidado con eso porque hay gente que simplemente está esperando para conseguir tu información personal.

Además, si ya han pasado siete años después de una deuda incobrable, entonces es obligación de la empresa de informes crediticios eliminarla. Si aún no ha sido eliminada, entonces tienes que reportarla, de lo contrario tu puntuación se verá afectada innecesariamente.

Ahora que conoce los errores más comunes que pueden aparecer en su informe de crédito, vamos a discutir cómo puede eliminarlos. En primer lugar, debe ponerse en contacto tanto con la organización como con la oficina si desea una rápida resolución de su problema. Cualquier información incompleta o inexacta en su informe de crédito es responsabilidad de ambas partes. Así lo establece la Ley de Informes Crediticios Justos. Además, las tres agencias de crédito tienen su modo de presentación de disputas en línea, por lo que el proceso se vuelve aún más fácil.

Por lo tanto, tiene que empezar por indicar la información que no se ha proporcionado correctamente en su informe de crédito. Hasta que, y a menos que, las agencias consideren que la disputa es falsa, tienen la obligación de investigar sus reclamaciones en un plazo de treinta días. Para que su caso sea sólido y proporcione todo el apoyo, debe añadir copias de documentos, pero nunca proporcionar los originales. Debe mencionar correctamente su dirección completa y su nombre, y también debe exponer todos los hechos con claridad y con las debidas razones. Y al final, debes mencionar si quieres que se corrija o se elimine. Además, para que sea una solicitud mejor, debes incluir una copia de tu informe y luego marcar con un círculo todas las cosas que quieres cambiar. La forma en que te comunicas puede tener un impacto muy grande, por lo que tienes que ser muy claro.

Si vas a enviar tu carta por correo, envíala sólo a un correo certificado y solicita también el acuse de recibo. De esta manera, nadie podrá descreer de su afirmación de que la oficina de crédito ha recibido su solicitud. Además, debes guardar una copia de todo lo que has adjuntado junto con la carta de disputa.

El siguiente paso que debes dar es escribir una carta al proveedor de información o al acreedor correspondiente, mencionando todo lo relativo a la disputa que has planteado. También en este caso debe incluir copias de todo. Todo el proceso puede durar entre treinta y noventa días. Además, hay ciertos estados que incluso le proporcionarán un informe de crédito gratuito para que pueda verificar la información del informe actualizado y saber que todo es correcto. Para saber si tiene derecho a este servicio o no, tiene que ponerse en contacto con la oficina de crédito.

¿Quién puede comprobar su informe de crédito?

Si cree que todo su historial crediticio está disponible para cualquier persona que desee acceder a él y que lo único que tiene que hacer es buscarlo en Google, se equivoca. Su información financiera es bastante segura, y sólo pueden acceder a ella aquellos que tienen una razón legítima para verla.

Hay varias organizaciones que podrían querer comprobar su informe de crédito, y algunas de ellas se han mencionado a continuación

Bancos - Los bancos podrían tener la necesidad de comprobar si usted es solvente o no. Especialmente si quieres abrir una nueva cuenta y esto seguirá siendo así aunque no haya una tarjeta de crédito vinculada a tu cuenta. Esto se debe a que si alguien no es solvente, habrá más posibilidades de que esa persona abandone o se sobregire en sus cuentas. Además, mucha gente no sabe que la protección contra sobregiros es un tipo de línea de crédito, por lo que solicitarla también llevaría a los bancos a sacar su informe de crédito.

Acreedores: cualquier acreedor potencial o actual tiene derecho a consultar su informe crediticio para determinar si es usted solvente o no. Tanto las condiciones como la aprobación de un préstamo o una tarjeta de crédito dependen de su solvencia.

Compañías de servicios públicos - La compañía de servicios públicos puede pedirle su informe de crédito si va a abrir una nueva conexión u optar por un servicio de telefonía móvil con ellos. Hay ciertos estados en los que un mal crédito puede hacer que las compañías de servicios públicos le nieguen cualquier servicio.

Proveedores de préstamos estudiantiles - Si se han solicitado préstamos PLUS, antes de

Si cree que todo su historial crediticio está disponible para cualquiera que desee acceder a él y que lo único que tiene que hacer es buscarlo en Google, se equivoca. Su información financiera es bastante segura, y sólo pueden acceder a ella quienes tienen una razón legítima para verla.

Hay varias organizaciones que podrían querer comprobar su informe de crédito, y algunas de ellas se han mencionado a continuación

Bancos - Los bancos podrían tener la necesidad de comprobar si usted es solvente o no. Especialmente si quieres abrir una nueva cuenta y esto seguirá siendo así aunque no haya una tarjeta de crédito vinculada a tu cuenta. Esto se debe a que si alguien no es solvente, habrá más posibilidades de que esa persona abandone o se sobregire en sus cuentas. Además, mucha gente no sabe que la protección contra sobregiros es un tipo de línea de crédito, por lo que solicitarla también llevaría a los bancos a sacar su informe de crédito.

Acreedores: cualquier acreedor potencial o actual tiene derecho a consultar su informe crediticio para determinar si es usted solvente o no. Tanto las condiciones como la aprobación de un préstamo o una tarjeta de crédito dependen de su solvencia.

Compañías de servicios públicos - La compañía de servicios públicos puede pedirle su informe de crédito si va a abrir una nueva conexión u optar por un servicio de telefonía móvil con ellos. Hay ciertos estados en los que un mal crédito puede hacer que las compañías de servicios públicos le nieguen cualquier servicio.

Proveedores de préstamos para estudiantes - Si se han solicitado préstamos PLUS, antes de concederlos se comprueba la solvencia de los padres. Su informe crediticio podría ser extraído si está solicitando cualquier tipo de préstamo privado que no esté incluido en el gobierno federal. Además, no se le permitirá solicitar un nuevo préstamo federal si ya tiene uno abierto.

Compañías de seguros - La puntuación de su seguro basada en su crédito es necesaria para conocer las tarifas de su seguro.

Empleadores - Hay ciertos estados donde los empleadores tienen el derecho de sacar su informe de crédito. Estos informes no incluirán su fecha de nacimiento o incluso sus números de cuenta.

Propietarios: los propietarios pueden consultar su informe de crédito para ver si tiene la costumbre de pagar a tiempo. Cuanto mejor sea su crédito, más fácil le será conseguir una casa o un apartamento de alquiler, ya que suponen que el alquiler se pagará a tiempo.

Cómo obtener una buena puntuación de crédito:

Hay cinco criterios que sirven para puntuar su crédito y que son bastante sencillos de seguir. Su historial de pagos representa el 35% de su puntuación de crédito. ¿Paga usted sus facturas a tiempo? Si no haces nada más y aún así realizas los pagos a tiempo, tendrás una buena puntuación de crédito en dos años. Mantenerse alejado de los pagos atrasados es una de las formas más efectivas de apoyar su crédito. De lo contrario, sus acciones pasadas seguirán perjudicando su puntuación de crédito. Un pago tardío continuo de varios días hará bajar su puntuación de crédito, ¡con toda probabilidad por 20! Un par de pagos atrasados y su puntuación caerá extremadamente lejos, excepcionalmente rápido. Un retraso de varios días puede dañar su puntuación considerablemente más, y son un problema principal a la hora de evaluar su puntuación de crédito. Sepa que cuanto más tarde se produzca el retraso, más negativo será el impacto en su puntuación. Aunque suele haber un periodo de gracia, cualquier cosa que supere los 30 días causará un daño real a su puntuación de crédito. Asegúrese de analizar su deuda y compruebe sus extractos bancarios. Sea muy diligente a la hora de realizar los pagos a tiempo y ocúpese de las cuentas antes de que se retrasen o vayan al surtido. Trate de no excederse de manera que perjudique sus probabilidades de hacer los pagos a tiempo. Si tiene antiguos pagos atrasados que no pueden ser eliminados o arreglados de su informe de crédito, tenga en cuenta que el tiempo cura las viejas heridas, y su puntuación aumentará si no se reportan nuevas faltas.

Recuerde siempre pagar antes del "Período de Gracia" establecido en sus tarjetas de crédito. Los acreedores cobran gastos adicionales por los pagos atrasados. Este es un beneficio excepcionalmente enorme para los bancos. ¡Un banco puede cobrar un gasto de 30 a 35 dólares por retrasarse 2 horas en sus pagos! (asegúrese de mirar la letra pequeña de todo) Numerosos bancos también han introducido otras tasas asociadas a los pagos tardíos de varios días que se activan incluso antes de los 30 días. No te acerques demasiado a la fecha de vencimiento. Realice sus pagos rápidamente o establezca pagos automáticos para que no se le olviden.

La cantidad adeudada representa el 30 por ciento de su puntuación de crédito.

El modelo de puntuación crediticia determina el saldo de crédito, normalmente contra su límite de crédito alto. Esto se calcula en tasas. Es imperativo mantener sus saldos tan bajos como sea posible. Si tiene una tarjeta con un límite de crédito de 5.000 dólares, mantener su saldo por debajo de 500 dólares le sitúa en el ámbito del 10% del crédito accesible. Hay umbrales en la proporción de la deuda que harán que su puntuación de crédito rebote más alto. Estos umbrales son el 70%, la mitad, el 30% y el 10%. Si no puede pagar la totalidad de sus tarjetas de crédito, páguelas por debajo del siguiente límite concebible. Calcule sus límites de crédito según estas líneas. Si tiene una tarjeta con un límite de 5.000 $, aumente 5.000 x 0,10 (o 0,30, 0,50, 0,70) Tendrá que pagar su saldo por lo menos por debajo de estas cantidades. Para esta situación - por debajo de 500$ (o 1500$, 2500$ o 3500$).

Tenga en cuenta; la actividad priipal es comprobar su informe de crédito para los límites de crédito. Si su límite alto no está reportado, el modelo de puntuación utilizará su saldo como su límite de crédito. Esto implica que estás utilizando el 100% de tu disponibilidad. Llame a su acreedor y asegúrese de que lo corrijan. La transmisión de la deuda es un método sencillo para asegurarse de mantener una puntuación sólida.

Trate de tener una buena distribución de la deuda con una proporción menor de saldo a límite. Por ejemplo, es mejor tener 2.000 dólares de deuda en 5 tarjetas que tener 10.000 dólares en una tarjeta con todas las demás pagadas. En el caso de que se esté acercando a sus límites de crédito, solicite más crédito o pida un aumento de crédito de sus cuentas actuales.

Este criterio depende de la disponibilidad total, no de la estimación de la disponibilidad. No importa si necesitas 500 o 50.000 dólares. Lo que importa es cómo lo gestionas. Dividir la deuda en tarjetas o líneas de crédito adicionales puede ayudarle a aumentar su puntuación rápidamente.

La longitud del historial de crédito cuenta con el 15% de su puntuación de crédito.

La longitud del historial de crédito se refiere a la duración o el período en que ha tenido sus cuentas de crédito. Si ha tenido un registro de crédito abierto durante 15 años, es más estable que si ha tenido uno durante sólo dos meses. Un consejo importante es no cerrar nunca sus tarjetas de crédito. Mantenga sus antiguas cuentas abiertas si están en buen estado, independientemente de que no las utilice y haya un saldo cero. Sin embargo, tenga en cuenta que debe utilizar un poco sus líneas de crédito para mantenerlas activas. Las cuentas no utilizadas durante más de 6 meses se convierten en inactivas y son pasadas por alto por las agencias de crédito, excepto si hay una acción reprobatoria unida a ese registro. Mantener sus líneas de crédito abiertas también ayuda a mejorar su disponibilidad de crédito, aclarado en el apartado anterior. Si quiere incluir el crédito, pida a la organización de su tarjeta que le aumente el límite de crédito. La mejor manera de aumentar sus líneas de crédito, además de obtener otra tarjeta, es ampliar su línea en un registro antiguo con un buen y largo historial. Asegúrese de que informan del incremento de la cantidad de crédito a las agencias con exactitud. Un factor estándar de las puntuaciones de crédito sorprendentemente buenas son las narraciones de crédito largas. Crédito

Cómo utilizar y solucionar el robo de identidad

Qué hacer si es víctima de un robo de identidad

¿Alguna vez le ha ocurrido esto? Acaba de recibir por correo un aviso de cobro de una cuenta que no ha utilizado ni conoce, ha recibido por correo una tarjeta de crédito que nunca quiso ni abrió, o simplemente le han rechazado un préstamo o una tarjeta de crédito debido a una baja puntuación FICO con cuentas que ni siquiera eran suyas. Si se ha dado uno de estos casos, lo más probable es que haya sido víctima de un robo de identidad.

Es posible que se sienta robado, traicionado y que se pregunte cómo pudo ocurrirle esto. Lo más probable es que su puntuación de crédito se vea afectada negativamente. Es posible que necesite un préstamo o un crédito y esta situación le impida recibirlo. Para arreglar el daño que ya ha ocurrido y para mitigar los posibles daños futuros, necesita tomar el control y averiguar qué hacer a continuación.

Las leyes penales regulan el robo de identidad. Según la Ley de Disuasión del Robo de Identidad y Asunción de 1998, es un delito grave "pasar o utilizar conscientemente, sin autoridad legal, un medio de identificación de otra persona con la intención de cometer, o ayudar o instigar, cualquier conducta delictiva que constituya una infracción de la ley federal o que constituya un delito según cualquier estatuto estatal o local aplicable". La ley está en vigor para proporcionar a los infractores un proceso de denuncia consolidado, así como para mejorar las leyes penales que rodean el robo de identidad. Si usted es víctima de un robo de identidad, es necesario actuar con rapidez. La ley permite a los reclamantes impugnar los cargos no autorizados; sin embargo, hay algunos plazos que deben seguirse.

Notifique al acreedor. Cuando encuentre cargos no autorizados en su tarjeta de crédito o débito, lo más probable es que haya sido víctima de un robo de identidad. La buena noticia es que la Ley de Facturación Equitativa del Crédito limita la responsabilidad de los cargos no autorizados a 50 dólares. Cuando descubra los cargos no autorizados, tendrá que escribir a su administrador, disputando los pagos cuestionables.

Escriba la carta de desacuerdo a la agencia "Billing inquiries" de su acreedor. Asegúrese de enviar la carta certificada a su fiduciario y que sepa que le llega a usted. Notifique al acreedor tan pronto como se identifique el pago no deseado y asegúrese de que su carta le llega en un plazo de 60 días desde la primera factura que revela el error. Quédese con una copia de la carta. Según la ley, el acreedor debe responder en los 30 días siguientes a la recepción del mensaje, y el conflicto debe resolverse en dos ciclos de facturación.

Notifique a su banco. Si le han robado la tarjeta de débito, deberá informar a su banco en un plazo de dos días laborables. De acuerdo con la Ley de Transferencia Electrónica de Fondos, sólo será responsable de 50 dólares de cargos no autorizados; sin embargo, será responsable de 500 dólares de cargos no autorizados si denuncia los cargos no autorizados entre tres y 60 días. A menos que espere hasta los 60 días, puede perder todo el dinero robado de su cuenta. Si tu tarjeta de débito tiene la marca Visa o MasterCard, ambas firmas limitan tu responsabilidad a 50 dólares por tarjeta en cargos no autorizados.

Es mejor que alerte a sus proveedores y bancos tan pronto como pueda o sus tarjetas de débito, crédito e incluso cheques personales hayan sido robados si detecta cargos fraudulentos. Cuanto más espere para ponerse en contacto con el prestador, mayor será la posibilidad de que se le imputen algunos o todos los cargos no autorizados.

Alerta de fraude. Si ha sido víctima de un robo de identidad, es importante crear una alerta de fraude. Si llama a las agencias de información crediticia, tendrá que elegir entre dos tipos diferentes de alertas de fraude: el aviso ampliado y el aviso original.

El aviso ampliado le da derecho a recibir dos informes crediticios gratuitos de cada agencia de información crediticia al año; sin embargo, durante siete años, la alerta de fraude debe permanecer en su registro. El tipo más común de advertencia contra el fraude es la alarma original. Esta permanecerá 90 días en su expediente y le enviará un informe crediticio gratuito de cada una de las tres agencias de informes.

Para crear una advertencia ampliada, debe tener una denuncia policial y pruebas del robo o intento de fraude. Puede solicitar que, para su protección, sólo aparezcan en su informe de crédito los cuatro últimos dígitos de su número de la Seguridad Social. También puede cancelar cualquier alerta de fraude en cualquier momento.

Establecer una alerta de fraude para su propia protección es lo mejor para usted. Esto significa que el ladrón no puede abrir un crédito a su nombre. Si llama a una de las agencias de informes crediticios para establecer la alerta de fraude, se lo notificará a las otras oficinas de informes crediticios.

Su informe de crédito y su puntuación de crédito son importantes para usted y para sus futuras ganancias. Asegúrese de comprobarlos regularmente para asegurarse de que no es víctima de un robo de identidad.

Denuncia policial. Si sospecha que es víctima de un robo de identidad, le conviene presentar una denuncia policial. Algunos acreedores pueden exigir que se utilice una denuncia policial como prueba del incidente. Muchas comisarías de policía dudan en atender una llamada por robo de identidad. Asegúrese de que su presentación es permanente. Asegúrese de que la

Póngase en contacto con su agencia bancaria

Una vez que haya revisado su informe de crédito y haya determinado que todo es correcto, el siguiente paso para reparar su historial de crédito es ponerse en contacto con los acreedores con los que tiene cuentas en mora. Debe reparar estas cuentas lo antes posible para reparar su crédito con éxito.

En muchos casos, la prioridad del acreedor es recuperar la mayor parte posible de la cuenta por cobrar. Muchas personas se sorprenden de lo complacientes que pueden ser en cuanto a la organización de un proceso de pago: en muchos casos, el acreedor eliminará los intereses o incluso reducirá la cuenta y la devolverá para su pago inmediato. Si no puedes pagar inmediatamente, propón al acreedor un plan de pagos al que puedas ceñirte: Los acreedores se acomodarán a la mayoría de las propuestas de pago porque, de nuevo, su principal interés será recuperar la deuda.

Recuerde que la razón por la que está haciendo esto es para reparar su historial crediticio, por lo que bajo ninguna circunstancia debe comprometerse con sus acreedores a un plan de pagos que no podrá cumplir, sólo acabaría empeorando los problemas en el futuro. Si un acreedor tiene problemas repetidos con un cliente, es poco probable que haya mucha confianza en la relación, por lo que probablemente no querrá ayudarte. En su lugar, elija algo que pueda conocer y explique al acreedor su situación financiera actual. Haciendo esto, a menudo puede lograr la reparación del crédito con bastante rapidez.

Intente evitar la agencia de cobros

El peor y último paso que dará un acreedor es vender su deuda pendiente a una agencia de cobros. En términos de reparación del crédito, esto es básicamente lo peor que puede pasar porque significa que quienquiera que le deba dinero considera que sus posibilidades de recuperarlo son tan bajas que está dispuesto a perder parte de la deuda. En la mayoría de los casos, el acreedor vende la deuda a la agencia de cobros con un gran descuento, a menudo la mitad del importe adeudado.

Cuando un deudor vende su préstamo a una agencia de cobros, acaba de "cancelarlo" y crea la marca más baja posible en su historial crediticio. Si esto ocurre, intente actuar lo antes posible tras ser contactado por el agente de cobros. Antes de negociar con la empresa de cobros, hable con su acreedor. Vea si el acreedor eliminará la marca de "cancelado" de su historial crediticio. Esto es algo que harán a veces, a cambio de un pago inmediato.

Si su acreedor no está interesado en negociar el pago, usted tendría problemas con el agente de cobro. Puede ocurrir, y ocurrirá, que el cobrador se mantenga en una posición muy intimidatoria y amenazante, generalmente dando a entender que está dispuesto a llevarte a juicio. Los dos puntos que hay que tener en cuenta es que la empresa de cobros compró tu deuda por menos de la cantidad que se debe, y que es poco probable que te demanden. Su mejor solución es ofrecer un pago inmediato por menos del saldo real de su deuda. La mayoría de las empresas aceptarán esto, normalmente porque obtener un beneficio de cualquier pago que supere el 50% de su deuda y ofrecer el pago inmediato les permite cerrar su expediente y trabajar en otros asuntos. Cuando trate con un agente de cobros, ofrezca el pago completo sólo como último recurso.

Solicite una tarjeta de crédito garantizada

La reparación del crédito puede ser un proceso lento, y es posible que te encuentres construyendo un poco de respaldo crediticio lentamente durante un largo período de tiempo. Un buen punto de partida es una tarjeta de crédito "garantizada". Estas tarjetas de crédito son emitidas por agencias bancarias que generalmente se dirigen a personas que tienen mal crédito. A diferencia de una tarjeta de crédito normal, para la que sin duda serás rechazado si tienes un mal crédito, es un crédito garantizado, la tarjeta suele requerir que des un depósito inicial equivalente al límite de crédito de la tarjeta. Es decir, le das a la empresa 500 dólares por una tarjeta con un límite de crédito de 500 dólares, y ellos se reservan el derecho de utilizar ese depósito contra cualquier saldo pendiente que quede durante demasiado tiempo.

Desde el punto de vista del emisor, su mal crédito no importará porque no corre ningún riesgo: nunca les deberás más dinero del que ya les has dado para empezar. Desde tu punto de vista, las tarjetas garantizadas están lejos de ser ideales, pero si tienes mal crédito y necesitas participar en la reparación del mismo, no tienes otra opción.

Una vez que tenga una tarjeta de crédito garantizada, utilícela con moderación pero con regularidad y asegúrese de realizar todos los pagos a tiempo. Haciendo esto durante un largo periodo de tiempo, reparará lentamente su historial crediticio y recuperará la confianza de los acreedores que le rechazaron en el pasado.

Considere la posibilidad de recurrir a una empresa especializada en la reparación del crédito

Si ve que nada de lo anterior le funciona en términos de reparación de crédito, considere acudir a una compañía que se especialice en este tipo de procesos. Muchas de estas empresas le ofrecerán "limpiar su historial crediticio" a cambio de una cuota. Aunque los servicios de una empresa de reparación de crédito pueden ser mucho más útiles, dependiendo de su situación, debe tener mucho cuidado para evitar estafas y leer toda la letra pequeña que hay en la mayoría de los casos.

La estrategia básica de la mayoría de las empresas de reparación de crédito será animarle a reclamar absolutamente todo lo que aparece en su informe de crédito con su oficina de crédito. La idea es inundar la oficina con más solicitudes de las que pueden responder en un plazo de 30 días, porque recuerde que si la oficina no puede proporcionar documentación para algo en su archivo en un plazo de 30 días, debe ser remoto. Sin embargo, es cuestionable la eficacia de esto, aunque la oficina, si no los documenta, debe eliminar los elementos dentro de los 30 días, en la mayoría de los casos las empresas seguirán investigando las reclamaciones, y cuando finalmente encuentren la documentación adecuada, los elementos se añadirán de nuevo.

Independientemente de lo que decida con respecto a una empresa de reparación de crédito, recuerde siempre revisar los documentos cuidadosamente. También tenga en cuenta que las empresas de reparación de crédito no pueden aceptar legalmente los pagos hasta que se completen los servicios. También están obligados a describir claramente todos los pagos y términos.

La mentalidad correcta

Los problemas financieros pueden ser y suelen ser abrumadores. Para empeorar estas situaciones, la mayoría de la gente ni siquiera sabe por dónde empezar a resolver estos dilemas financieros. Las deudas básicas de los consumidores te encadenan a la esclavitud, y posiblemente te pases la vida atado a tus propias obligaciones para devolver estos préstamos.

La persona o institución que le presta el dinero confía en que usted tiene la capacidad de mantener su parte del trato, básicamente.

Dado que su capacidad para devolver un préstamo se ha visto afectada, ya sea por la imposibilidad de pagar o por una serie de malentendidos, los demás prestamistas se mostrarán escépticos a la hora de concederle un nuevo crédito.

¿Qué tipo de crédito debe obtener? Depende de lo que piense hacer con el dinero. Los tipos de crédito más utilizados son los créditos garantizados y los de firma. En el caso de los créditos más pequeños, no es necesario, ya que a ninguna entidad le gustaría acabar con un almacén de artículos domésticos, por lo que le prestan dinero o emiten una tarjeta de crédito a su nombre simplemente basándose en la solidez de su crédito hasta el momento.

Puedes aprovechar las ventajas del presupuesto y otras técnicas, como la consolidación de deudas, la liquidación de deudas, el asesoramiento crediticio y los procedimientos de quiebra. Sólo tiene que elegir la mejor estrategia para usted. A la hora de elegir entre las distintas opciones, tiene que tener en cuenta su nivel de deuda, su disciplina y sus planes para el futuro.

Utilizar estrategias de consolidación o liquidación para pagar las deudas

La consolidación de deudas es otra estrategia que puede utilizarse para gestionar sus deudas. Consiste en combinar dos o más deudas a un tipo de interés más bajo que el actual.

Pero vale la pena investigar y hacer algunas llamadas telefónicas para ver si hay alguna empresa que esté dispuesta a trabajar con usted. Si puede reducir su factura mensual a un nivel manejable, con un tipo de interés razonable, eso puede marcar la diferencia a la hora de gestionar su deuda.

Las opciones de consolidación y liquidación aumentaron su popularidad durante la reciente crisis financiera, apareciendo en más artículos y noticias que nunca.

Negociar con las empresas de crédito

Así que puede tomar la carta de cobro que le han enviado o un aviso de vencimiento que le han enviado y discutirlo con ellos. En muchos casos, aceptarán una cantidad inferior a la que figura en la factura sólo para poder garantizar que obtendrán algún beneficio.

Si habla con la agencia de cobros y acepta una cantidad menor, tendrá que enviar ese pago en su totalidad. Asegúrese de que cuando les envíe el cheque, escriba en él las palabras "pagado en su totalidad". Haz también una copia del cheque para tu propio registro. Una vez que cobren el cheque, su cuenta se considerará legalmente pagada en su totalidad y ya no podrán reclamarle más dinero.

No utilice tarjetas de crédito

Elija una tarjeta que funcione en cualquier lugar, como una de las principales compañías de tarjetas de crédito.

Lo mejor es hacer una o dos compras pequeñas con su tarjeta de crédito cada pocos meses. Intente espaciar el uso de las diferentes tarjetas para que no le quiten ninguna, pero no deba mucho dinero cada mes.

Hablar con los acreedores

Dígales la razón por la que tiene dificultades para pagar las deudas. La mayoría de las empresas negociarán un plan de pagos modificado para que las mensualidades sean más manejables. Si espera a que las cuentas entren en mora, esto puede afectar, y muy probablemente lo hará, a su puntuación de crédito de forma negativa, que es lo que queremos evitar. Una vez que entre en mora, el cobrador comenzará a llamar.

Asesoramiento crediticio

El asesoramiento crediticio es un servicio que ofrecen algunas organizaciones a los prestatarios que buscan asesoramiento sobre cómo pueden gestionar sus finanzas. Suele incluir presupuestos, talleres y recursos educativos. Un asesor debe recibir formación y certificación en materia de presupuestos, gestión del dinero y las deudas, y crédito al consumo.

Plan de gestión de la deuda

El asesor crediticio negocia con los acreedores y elabora un calendario de pagos. Los acreedores pueden estar dispuestos a renunciar a algunas cuotas o a reducir los tipos de interés. Por lo general, un plan de gestión de la deuda tarda unos 4 años en completarse, en función del volumen de la deuda.

Programa de liquidación de deudas

Un programa de liquidación de deudas puede ser arriesgado, por lo que hay que tener en cuenta algunos factores antes de aprovecharlo. Muchos de estos programas exigen que usted deposite dinero en una cuenta durante al menos 3 años antes de que la empresa de liquidación de deudas pueda liquidar sus deudas.

Otro aspecto que hay que tener en cuenta es que algunos acreedores no negocian la liquidación de deudas; por lo tanto, es posible que la empresa de liquidación de deudas no pueda pagar algunas de sus deudas. Además, algunas de estas empresas de liquidación de deudas pagan primero las deudas más pequeñas, dejando que las deudas grandes sigan creciendo.

La empresa de liquidación de deudas le sugerirá que deje de pagar a sus acreedores. Esta decisión dará lugar a un descenso significativo de su puntuación de crédito. Además, las deudas incurrirán en tasas y penalizaciones por impago.

Cartas de buena voluntad

Las cartas de buena voluntad no son un método garantizado para eliminar la información negativa de su informe crediticio, pero vale la pena intentarlo en algunas situaciones. Son más eficaces si tiene un buen historial con la empresa, si un error técnico ha retrasado su pago o si su pago automático no se ha efectuado. A veces se puede incluso convencer a una empresa de crédito de que perdone un pago atrasado si simplemente se olvidó de pagar.

Intente ponerse en contacto con su agencia de crédito por teléfono para negociar y explicar su situación antes de enviar una carta de buena voluntad. Esta táctica podría ser todo lo que necesita para eliminar el registro del pago atrasado. Cuanto antes se ponga en contacto, mejor también. Si se da cuenta de que tiene un retraso en el pago, llamar de inmediato podría impedir que se informe de ello.

Para escribir una carta de buena voluntad debe

Utilizar un lenguaje cortés que refleje su arrepentimiento por el retraso en el pago y agradecer a la empresa su servicio.

Incluir las razones por las que necesita que se elimine el registro, como por ejemplo, para poder optar a un préstamo de vivienda o de coche o a un seguro.

- Acepte que fue usted quien tuvo la culpa del retraso en el pago.

- Explique la causa del retraso en el pago.

- Para escribir una carta de buena voluntad no debe

- Ser contundente, grosero o frívolo con la situación.

Su libertad financiera

La libertad financiera es un concepto en el que a la gente le encanta pensar pero que rara vez siente que puede alcanzar. Este capítulo le ayudará a alcanzar la libertad financiera mediante consejos y hábitos que puede incorporar a su vida.

¿Qué significa la libertad financiera?

La libertad financiera no tiene una definición fija. Sin embargo, suele significar que usted vive cómodamente y ahorra para el futuro de su jubilación y su vida en general. También puede significar que tiene una reserva para emergencias. En general, la libertad financiera puede significar lo que usted quiera que signifique para usted. Por ejemplo, un antiguo estudiante universitario puede pensar que la libertad financiera no incluye el pago de todos sus préstamos estudiantiles. Esto se debe a que, al menos en esta época, un estudiante universitario que necesita pagarse sus propios gastos se da cuenta de que siempre estará pagando sus préstamos estudiantiles. Sin embargo, pueden sentir que los préstamos estudiantiles son la única deuda que deben tener. Por lo tanto, ser capaz de pagar las tarjetas de crédito o las facturas médicas les lleva a la libertad financiera.

Otras personas pueden sentir que la libertad financiera significa que ya no están atados a un trabajo. Son capaces de vivir de sus ahorros o de un ingreso pasivo, y son capaces de retirarse y disfrutar de la vida viajando.

Tarjetas de crédito y libertad financiera: ¿es seguro?

Una de las mayores preguntas que tiene la gente cuando se trata de la libertad financiera es si pueden tener alguna cuenta de tarjeta de crédito a su nombre. Si bien es posible que no deba nada a sus tarjetas de crédito (de hecho, es posible que sólo deba una que paga en su totalidad cada mes), ¿sigue siendo esto libertad financiera? En general, esto está completamente determinado por su definición de libertad financiera. Sin embargo, si alguna vez no puede pagar su tarjeta de crédito todos los meses, esto no es libertad financiera. En la mayoría de los casos, la libertad financiera significa que ya no tiene ninguna deuda, o al menos que está libre de deudas innecesarias, como las tarjetas de crédito.

La mayoría de la gente se apresura a afirmar que la libertad financiera y las tarjetas de crédito no van juntas, simplemente porque no están seguras la una de la otra. Esto se debe al hecho de que a menudo es fácil caer en la creencia de que se puede pagar una determinada cantidad cada mes y luego uno se ve incapaz de hacerlo. En general, las personas que alcanzan la libertad financiera sienten que las tarjetas de crédito permiten una mayor trampa y les impiden alcanzar la libertad financiera.

Los mejores hábitos para ayudarle a alcanzar y proteger su libertad financiera

Cuando se trata de la libertad financiera, hay docenas de hábitos y consejos que la gente proporciona con el fin de ayudarle a alcanzar su libertad financiera. Es importante tener en cuenta que debido a que la libertad financiera puede variar dependiendo de la definición de la persona, algunos de los consejos y hábitos podrían funcionar para usted mientras que otros no. Debe encontrar los que mejor le funcionen a usted, no los que otras personas digan que son los mejores.

Hacer un presupuesto

Hacer y mantener un presupuesto es uno de los primeros pasos que todo el mundo debería dar cuando se dirige hacia la libertad financiera. Aunque es posible que cambie su presupuesto de vez en cuando, ya que añadirá o eliminará facturas o recibirá un ingreso diferente, siempre debe seguirlo. Esto no sólo le ayudará a alcanzar su libertad financiera, sino que seguir su presupuesto también protegerá su libertad financiera.

Además, la creación de un presupuesto mensual puede ayudarle a asegurarse de que todas sus facturas se están pagando y de que sabe exactamente adónde va su dinero. Esto le ayudará a saber dónde puede reducir sus gastos, lo que le permitirá ahorrar más. Crear y mantener un presupuesto doméstico tiene muchas ventajas.

Establezca una cuenta de ahorro automática

Si trabaja en una organización que deposita automáticamente un determinado porcentaje de su cheque en una cuenta de ahorro, aprovéchelo. Te da la idea de que nunca tuviste el dinero para empezar, lo que significa que no lo planeas y no te encontrarás sacando el dinero de los ahorros a menos que lo necesites para una emergencia. Además, puedes crear una cuenta de ahorro separada a la que irá este dinero. Puedes hacerlo de tal manera que rara vez utilices esa cuenta; sin embargo, querrás asegurarte de que tu dinero está depositado y de que todo se ve bien en tu cuenta. Pero, la idea de una cuenta de ahorros es no tocarla aunque tengas una emergencia, ya que también crearás una cuenta para emergencias.

La otra idea de esto es que te pagues a ti mismo primero. Esto es algo en lo que a menudo la gente no piensa porque está más preocupada por pagar sus deudas.

Tenga en cuenta su crédito sin obsesionarse con él

Su puntuación de crédito es importante, pero no es lo más importante del mundo. La gente suele caer en la trampa de obsesionarse con su puntuación de crédito, especialmente cuando está tratando de mejorarla. Un factor que hay que recordar es que su puntuación de crédito normalmente sólo se actualiza cada cierto tiempo. Por lo tanto, puede decidir dedicar un tiempo cada cuatro meses a comprobar su informe de crédito. Cuando lo haga Está bien vivir por debajo de tus posibilidades

Uno de los mayores factores de la libertad financiera y de poder mantenerla es que puedas pagar tus facturas y vivir cómodamente durante todo el mes. Para ello, debe asegurarse de que el dinero que entra en su casa es mayor que el que sale. En otras palabras, debe vivir por debajo de sus posibilidades.

Esto suele ser difícil para mucha gente porque quieren tener lo que tienen los demás. Quieren tener los vehículos más nuevos, el barco más grande, la parrilla más nueva o cualquier otra cosa. A la gente le gusta tener lo que tienen sus amigos y vecinos. Sin embargo, un factor en el que la gente no piensa es que sus amigos y vecinos probablemente no tienen libertad financiera. Por lo tanto, es conveniente que se tome un momento para pensar en lo que es más importante para usted. ¿Prefiere estar endeudado como sus amigos o tener libertad financiera?

Hable con un asesor financiero

A veces, el mejor paso que podemos dar cuando estamos trabajando para conseguir la libertad financiera es hablar con un asesor financiero. A menudo pueden darnos información y ayudarnos con un presupuesto, formas de asegurarnos de que sacamos el máximo partido a nuestros ingresos, y también decirnos dónde podríamos estar gastando más dinero del que deberíamos. Además, pueden ayudar a averiguar cuáles son las mejores inversiones, lo que siempre es útil cuando se busca la libertad financiera. Al mismo tiempo, pueden ayudarle a planificar su jubilación, que es una de las mayores formas en que puede llegar a ser y seguir siendo capaz de permanecer financieramente libre.

Pague completamente sus tarjetas de crédito

Si tiene tarjetas de crédito de alto interés, como suele ser el caso, debe asegurarse de pagarlas todos los meses. Por lo tanto, los gastos de sus tarjetas de crédito deben formar parte de su presupuesto. Esto significa que no debe utilizar su tarjeta de crédito para cualquier cosa que le apetezca. En lugar de ello, debe crear una lista de dónde y cuándo puede utilizar su tarjeta de crédito y para qué puede usarla. Por ejemplo, puedes estar de acuerdo en que está bien en situaciones de emergencia o durante las compras navideñas. También puedes pensar que puedes utilizarla durante los viajes porque lleva incorporado un seguro de viaje. Decida lo que decida, asegúrese de cumplirlo.

Controle sus gastos

Además de asegurarse de seguir su presupuesto, también debe controlar sus gastos. Hay varias razones para ello. En primer lugar, le ayudará a asegurarse de que su presupuesto está en marcha. A menudo nos olvidamos de las facturas automáticas que se pagan mensualmente o no nos damos cuenta de cuánto gastamos realmente cada mes. Estos factores pueden afectar a tu presupuesto, lo que puede suponer un obstáculo a la hora de alcanzar y mantener tu libertad financiera.

Afortunadamente, hay muchas aplicaciones que puedes descargar, muchas de ellas gratuitas, que te permitirán hacer un seguimiento de tus gastos fácilmente. Algunas de estas aplicaciones son "Mint" o "Personal Capital". Estas aplicaciones suelen ofrecerte toda la información que necesitas y te dirán automáticamente cuánto estás gastando y cuántos ingresos tienes todavía a final de mes. La mayoría de estas aplicaciones también te darán gráficos para ayudarte a ver tus hábitos de gasto de una manera diferente.

Continúe con su educación

Otra forma de mantenerse al tanto de su libertad financiera es educarse en lo que respecta a su presupuesto, gastos, impuestos y cualquier otra cosa que tenga que ver con sus finanzas. Esto no significa que tenga que volver a la escuela y obtener un título. Puede simplemente hacer su propia investigación o tomar clases en línea - algunas son de bajo costo o gratuitas. También puedes consultar los seminarios web que se imparten.

También puedes ayudarte a ti mismo cuando se trata de invertir en el mercado de valores o cualquier otra cosa. Siempre hay varias clases que puedes tomar en línea que sólo tienen unas pocas sesiones o formas en las que puedes aprender cuando tienes tiempo. De hecho, si quieres invertir pero no sabes qué hacer o por dónde empezar, una de tus mejores opciones es tomar una clase.

Asegúrate de mantener una buena mentalidad mientras vives financieramente libre. Con esta mentalidad, no sólo te sentirás agradecido por el lugar en el que estás en la vida, sino que también recordarás dónde estuviste una vez. Esto le ayudará a trabajar para proteger su libertad financiera en lugar de volver a caer en las deudas de las tarjetas de crédito.

Por supuesto, usted puede ajustar su mentalidad de la manera que desee una vez que alcance la libertad financiera. Sin embargo, querrá asegurarse de mantener una mentalidad positiva. Después de todo, una mentalidad positiva le hace creer que puede lograr cualquier cosa.

Asegúrese de escribir lo que la libertad financiera significa para usted

La libertad financiera puede significar algo diferente para usted que para otra persona. Por ello, tiene que pensar en lo que realmente significa para usted. Independientemente de lo que crea que significa, es importante que lo escriba. Esto te permitirá volver a lo que significa la libertad financiera para ti cuando te encuentres con dificultades y sientas que no puedes conseguir tu libertad financiera.

Al mismo tiempo, también es útil dedicar tiempo a escribir sus objetivos. Piense en lo que quiere lograr en su camino hacia la libertad financiera.

Los mejores hábitos para ayudarle a alcanzar y proteger su libertad financiera

Cuando se trata de la libertad financiera, hay docenas de hábitos y consejos que la gente proporciona con el fin de ayudarle a alcanzar su libertad financiera. Es importante tener en cuenta que debido a que la libertad financiera puede variar dependiendo de la definición de la persona, algunos de los consejos y hábitos podrían funcionar para usted mientras que otros no. Tienes que encontrar los que mejor te funcionen a ti, no los que otras personas digan que son los mejores. Por lo tanto, voy a darte una lista bastante amplia ya que quiero que te asegures de encontrar algunos de los mejores hábitos y consejos para que no sólo puedas alcanzar la libertad financiera sino también protegerla.

Hacer un presupuesto

Hacer y mantener un presupuesto es uno de los primeros pasos que todo el mundo debería dar mientras se dirige hacia su libertad financiera. Aunque es posible que cambie su presupuesto de vez en cuando, ya que añadirá o eliminará facturas o recibirá un ingreso diferente, siempre debe seguirlo. Esto no sólo le ayudará a alcanzar su libertad financiera, sino que seguir su presupuesto también protegerá su libertad financiera.

Además, crear un presupuesto mensual puede asegurarle que todas sus facturas se están pagando y que sabe exactamente a dónde va su dinero. Por ejemplo, podrá ver cuánto dinero gasta en comestibles, gasolina y comidas en restaurantes. Esto le ayudará a saber dónde puede reducir sus gastos, lo que le permitirá ahorrar más. Hay un montón de grandes beneficios cuando se trata de crear y mantener un presupuesto doméstico.

Establezca una cuenta de ahorro automática

Si trabajas en una organización que deposita automáticamente un determinado porcentaje de tu cheque en una cuenta de ahorro, aprovéchalo. Te da la idea de que nunca tuviste el dinero para empezar, lo que significa que no lo planeas y no te encontrarás sacando el dinero de los ahorros a menos que lo necesites para una emergencia. Además, puedes crear una cuenta de ahorro separada a la que irá este dinero. Puedes hacerla, de manera que rara vez veas esta cuenta, sin embargo, quieres asegurarte de que tu dinero está depositado, y todo se ve bien en tu cuenta. Pero, el punto de esta cuenta si no lo toca, incluso si usted tiene una emergencia. En lugar de ello, creará una cuenta diferente para la base de emergencias.

La otra idea de esto es que te pagues a ti mismo primero. Esto es algo en lo que a menudo la gente no piensa porque está más preocupada por pagar su deuda. Sin embargo, muchos asesores financieros dicen que usted es siempre el número uno cuando se trata de sus finanzas. Aunque quiera pagar sus facturas, también debe asegurarse de que usted y su familia están atendidos.

Tenga en cuenta su crédito sin obsesionarse con él

Su puntuación de crédito es importante, pero no es lo más importante del mundo. La gente a menudo cae en la trampa de obsesionarse con su puntuación de crédito, especialmente cuando están tratando de mejorarla. Un factor que hay que recordar es que su puntuación de crédito normalmente sólo se actualiza cada cierto tiempo. Por lo tanto, puede decidir dedicar un tiempo cada trimestre a comprobar su informe crediticio. Cuando haga esto, no sólo querrá comprobar su puntuación, sino que también querrá comprobar lo que informan las agencias de crédito. Al igual que quiere asegurarse de que todo está correcto en su cuenta bancaria, quiere hacer lo mismo con su informe de crédito.

Está bien vivir por debajo de sus posibilidades

Uno de los factores más importantes de la libertad financiera y de poder mantenerla es que pueda pagar sus facturas y vivir cómodamente durante todo el mes. Para ello, debe asegurarse de que el dinero que entra en su casa es mayor que el que sale. En otras palabras, quiere vivir por debajo de sus posibilidades.

Esto suele ser difícil para mucha gente porque quieren tener lo que tienen los demás. Quieren tener los vehículos más nuevos, el barco más grande, la parrilla más nueva o cualquier otra cosa. A la gente le gusta tener lo que tienen sus amigos y vecinos. Sin embargo, un factor en el que la gente no piensa es que sus amigos y vecinos probablemente no tienen libertad financiera. Por lo tanto, es conveniente que se tome un momento para pensar en lo que es más importante para usted. ¿Prefieres estar endeudado como tus amigos o prefieres tener libertad financiera?

Hable con un asesor financiero

A veces, los mejores pasos que podemos dar cuando estamos trabajando hacia la libertad financiera es hablar con un asesor financiero. A menudo pueden darnos información y ayudarnos con un presupuesto, formas de asegurarnos de que sacamos el máximo partido a nuestros ingresos, y también decirnos dónde podríamos estar gastando más dinero del que deberíamos. Además, pueden ayudar a averiguar cuáles son las mejores inversiones, lo que siempre es útil cuando se busca la libertad financiera. Al mismo tiempo, pueden ayudarle a planificar su jubilación, que es una de las formas más importantes de mantenerse libre financieramente.

Pague completamente sus tarjetas de crédito

Si tiene tarjetas de crédito con altos intereses, lo que suele ser el caso, debe asegurarse de pagarlas todos los meses. Por lo tanto, los gastos de sus tarjetas de crédito deben formar parte de su presupuesto. Lo que esto significa es que no quieres usar tu tarjeta de crédito para lo que te apetezca. En su lugar, debes crear una lista de cuándo puedes y cuándo no puedes usar tu tarjeta de crédito. Por ejemplo, puedes estar de acuerdo en que está bien en situaciones de emergencia o durante las compras navideñas. También puedes pensar que puedes usarla durante las propinas porque tiene un seguro de viaje adjunto. Decidas lo que decidas, debes asegurarte de cumplirlo.

También querrás asegurarte de que pagas todos los préstamos con intereses altos. Los préstamos con intereses más bajos no le afectarán demasiado.

Controla tus gastos

Además de asegurarse de seguir su presupuesto, también debe controlar sus gastos. Hay varias razones para ello. En primer lugar, le ayudará a asegurarse de que su presupuesto va por buen camino. A menudo nos olvidamos de las facturas automáticas que se pagan mensualmente o no nos damos cuenta de cuánto gastamos realmente cada mes. Estos factores pueden hacer que nuestro presupuesto se desvíe, lo que puede suponer un obstáculo cuando estás trabajando para alcanzar y mantener tu libertad financiera.

Afortunadamente, hay muchas aplicaciones que puedes descargar, muchas de ellas gratuitas, que te permitirán hacer un seguimiento de tus gastos fácilmente. Algunas de estas aplicaciones son Mint o Personal Capital. Estas aplicaciones suelen ofrecerte toda la información que necesitas y te dirán automáticamente cuánto estás gastando y cuántos ingresos tienes todavía a final de mes. La mayoría de estas aplicaciones también le darán gráficos para ayudarle a ver sus hábitos de gasto de una manera diferente.

Asegúrese de mantener su mentalidad

Esta es una mentalidad que querrá seguir teniendo mientras viva financieramente libre. Con esta mentalidad, no sólo se sentirá agradecido por el lugar en el que se encuentra en la vida, sino que también recordará dónde estuvo una vez. Esto le ayudará a trabajar para proteger su libertad financiera en lugar de volver a caer en la deuda de la tarjeta de crédito.

Por supuesto, usted puede ajustar su mentalidad de la manera que desee una vez que alcance la libertad financiera. Sin embargo, querrá asegurarse de mantener una mentalidad positiva. Después de todo, una mentalidad positiva le hace creer que puede lograr cualquier cosa.

Las 5 mejores formas de pagar las deudas

Y

nuestro índice de uso del crédito o la suma agregada de la deuda accesible utilizada en sus cuentas (sin garantía y con garantía) es el segundo factor más importante para obtener una puntuación de crédito sólida. Además de su deuda verificada, que se paga de acuerdo con un calendario y no aumenta en la cantidad adeudada, debemos concentrarnos aquí en la deuda no garantizada, que es la deuda más costosa y además, la deuda que es menos exigente para ganar fuera del poder. En el caso de que estés agobiado por las deudas o te hayas metido en una brecha enorme de la que no sabes cómo empezar a salir, mi primer consejo es que te desahogues. No hay absolutamente ninguna motivación para experimentar los efectos nocivos de la inquietud o el estrés superfluos a la luz de la deuda. Perder el descanso y agonizar noche y día sobre la deuda fortuita no le ayudará a recibir a cambio, así que acepte la forma en que está en deuda y comience a considerar cómo y cuándo puede recibir a cambio.

La deuda de la tarjeta de crédito es la deuda más costosa

La deuda de la tarjeta de crédito es la deuda más asfixiante de todas, y la sensación de estar siempre escarbando y no llegar a ningún sitio es un sentimiento con el que me identifico muy bien. No le des la oportunidad de volverte loco. Con un plan de actividades y siendo perseverante para no excederte, puedes llegar poco a poco a un punto en el que la deuda de tu tarjeta de crédito no te haga caer a ti ni a tu puntuación de crédito. Si bien no soy un especialista en la orientación de la deuda de la tarjeta de crédito.

Me doy cuenta de que en mi circunstancia, tuve la opción de arrojar pequeños trozos de mi compensación a esta pila de deudas -unos meses en trozos más grandes, otros en trozos más pequeños- hasta que tuve un poco de saldo suficiente para liquidar. Mientras que este segmento tiene la intención de proporcionar algunos consejos de acomodación en el método más competente para gestionar su deuda, si usted cree que está absolutamente hasta el arroyo sin una paleta, o un evento de vida importante, por ejemplo, la falta de empleo, o un problema médico o cualquier cosa está impidiendo que usted tenga la opción de pagar cualquiera de su deuda, en ese punto de saltar a la siguiente segmento podría ser progresivamente apropiado para usted.

Consejos para la gestión de la deuda

Para aquellos de ustedes que están en el período de limbo de, "¿Debo pagar la deuda", o "¿Debo declararme en bancarrota", comprender que hay dos tipos de bancarrota personal: la principal, la bancarrota, tiene en cuenta la mayoría o la totalidad de sus deudas para ser descargado o abandonado. El segundo, conocido como Bancarrota, planea su deuda para el reembolso durante algún tramo de tiempo. Si usted está pensando en ambas opciones, en ese momento es muy recomendable que busque a alguien con maestría, por ejemplo, un administrador de la quiebra o un abogado. A veces todo lo que se necesita es el consejo y la ayuda de un profesional para guiarle por el camino correcto. Si usted va a intentar salir de la deuda sin documentar la quiebra personal o elegir sus deudas por no exactamente la suma total adeudada con sus acreedores, usted tiene que tener un plan.

¿Cuál es el mejor enfoque para hacer frente a la enorme deuda de tarjetas de crédito?

No hay duda de que el interés de la deuda de la tarjeta de crédito puede ser un verdugo. Muchas tarjetas de credito tienen tasas de interes de mas del 20%. Si utiliza la calculadora de reembolso de deudas de Chris (en welker.ca) podrá percibir la cantidad que le costará pagar sus tarjetas de crédito con intereses en más de cinco años. Quizá el mayor error que comete la gente cuando intenta salir de sus deudas por sí sola es hacer pagos que simplemente reparten los cargos por intereses pero que en realidad no disminuyen la cabeza.

Chris Walker dice que si usted está luchando para hacer frente a su deuda de tarjeta de crédito y tiene que pagar lo que puede soportar, en ese momento la mejor alternativa puede ser una propuesta de los consumidores para un reembolso. Al ofrecer una propuesta de consumo, puede detener los cargos por intereses, evitar la actividad de cobro del acreedor y liquidar su deuda. Aunque documentar una propuesta de consumo perjudica brevemente su calificación crediticia, suele ser el mejor enfoque para las personas que se enfrentan a una enorme deuda de tarjeta de crédito. No cometa el error de concentrarse en su calificación crediticia. Mientras que la calificación crediticia es importante, la mejora de su bienestar financiero es innegable y progresivamente importante. En general, usted puede modificar su calificación crediticia, sin embargo, si no tiene un plan para escapar de la deuda que continuará a la batalla.

Si necesita gestionar las TAE de su tarjeta de crédito

En los casos de las dificultades médicas o de empleo, o algunos otros contratiempos en la vida, los acreedores a veces permitirá una disminución o congelación de los cargos de fondos adicionales a su deuda existente. Todo lo necesario es llamar para descubrir lo que pueden hacer después de revelar a ellos su circunstancia-que podría ser lo suficientemente crítico para acomodar sus códigos de explicación o programas extraordinarios. Los acreedores con frecuencia guardan estos para las personas que podrían no ser capaces de hacer los pagos oportunos o la totalidad de la media de los pagos mensuales adeudados, y los programas pueden mantenerse durante períodos de tiempo establecidos de seis meses a un año o más.

A cambio de inscribirse en estos programas, algunos acreedores pueden igualmente

Mitos sobre la puntuación de crédito que hay que desaprender

Durante una gran parte de la historia de la calificación crediticia, la mayoría de las personas dedicadas a la toma de decisiones sobre préstamos necesitaban pensar en lo que perjudicaba o ayudaba a una calificación. Los creadores de las fórmulas de puntuación no querían desvelar mucho sobre el funcionamiento de los modelos, por miedo a que los contendientes se quedaran con sus ideas o a que los consumidores se dieran cuenta de cómo superar el marco. Por suerte, hoy en día descubrimos mucho más sobre la puntuación de crédito, aunque no todas las personas se han mantenido al tanto de los últimos conocimientos. Los intermediarios hipotecarios, los funcionarios de préstamos, los agentes de las agencias de crédito, las guías de crédito y los medios de comunicación, entre otros, siguen difundiendo información obsoleta y falsa.

Los préstamos se han convertido en una gran herramienta que ayuda a las personas a resolver sus problemas financieros en poco tiempo. Aunque, más allá de las diversas ventajas y responsabilidades, existen ciertos mitos que debemos conocer y romper. Si tienes pensado adquirir un préstamo pero no estás seguro de que sea tu mejor opción.

Mientras que a algunos nos gusta el puntaje de crédito ya que nos ha favorecido en nuestra capacidad de manejarlo bien, otros lo ven como uno que hace más daño que bien, lo cual no es el caso. El problema con las personas que no disfrutan del score crediticio es porque fueron mal informados en algunas cosas y los lleva a caer en trampas que podrían haber evitado si hubieran tenido la información correcta desde el principio.

Seguir su terrible orientación puede poner su puntaje y sus cuentas en riesgo crítico.

Cerrar las cuentas de crédito ayudará a su puntuación

Esto suena sensato, sobre todo cuando un comerciante de hipotecas le revela que los prestamistas desconfían de las personas que tienen montones de crédito no utilizado accesible a ellos. ¿Qué es lo que le impide apresurarse y cargar una tempestad? Obviamente, mirando la situación de forma objetiva, ¿qué te ha protegido de acumular enormes saldos antes de ahora? Si has sido responsable con el crédito antes, probablemente seguirás siéndolo después. Ésa es la norma esencial en la que se basa la puntuación del crédito: Premia las prácticas que muestran una utilización moderada y responsable del crédito después de un tiempo, porque esas propensiones probablemente van a continuar.

La puntuación también rechaza la conducta que no es del todo responsable, por ejemplo, solicitar mucho crédito que no se necesita. Numerosas personas con altas puntuaciones de crédito localiza que uno de sólo un puñado casi ningún perjuicio para ellos es el número de cuentas de crédito registradas en sus informes. En el momento en que van a obtener sus puntuaciones de crédito, se les informa de que una de las razones por las que su puntuación no es considerablemente más alta es que tienen "demasiadas cuentas abiertas". Muchos esperan erróneamente que pueden "arreglar" este problema cerrando cuentas. En cualquier caso, después de abrir las cuentas, el daño ya está hecho. No se puede arreglar cerrando la cuenta. Sin embargo, puede hacer que las cosas sean más terribles.

Puede aumentar su puntuación pidiendo a su compañía de tarjetas de crédito que reduzca sus límites

Esta es una pequeña desviación de la posibilidad de que la disminución de su crédito accesible de una manera u otra permite su puntuación al hacer que usted parezca ser menos arriesgado para los prestamistas. De todos modos, no es el objetivo. Reducir la diferencia entre el crédito que utiliza y el crédito al que tiene acceso puede afectar negativamente a su puntuación. No importa que usted haya solicitado la disminución; la fórmula FICO no reconoce los límites más bajos que usted mencionó y los límites más bajos forzados por un acreedor. Todo lo que ve es una menor diferencia entre tus saldos y tus límites, y eso no es bueno. Si eso, necesitas habilitar tu puntuación, manejar el asunto desde el extremo opuesto: pagando tu deuda. Ampliar la diferencia entre su saldo y su límite de crédito afecta positivamente a su puntuación.

Es necesario pagar intereses para obtener una buena puntuación de crédito

Este es precisamente el inverso del mito anterior, y está igualmente desinformado. No es necesario que tenga un saldo en sus tarjetas de crédito y que pague intereses para tener una buena puntuación. Como usted ha leído un par de veces a partir de ahora, sus informes de crédito - y, posteriormente, la fórmula FICO - no hacen ninguna diferencia entre los saldos que llevan mes a mes y los saldos que usted paga. Los consumidores inteligentes no llevan saldos de tarjetas de crédito bajo ninguna circunstancia, y no para mejorar sus puntuaciones. En la actualidad, los hechos confirman que para obtener las puntuaciones FICO más altas, hay que tener tanto cuentas rotativas, por ejemplo, tarjetas de crédito, como préstamos a plazos, por ejemplo, una hipoteca o un préstamo para coche. Es más, salvo los tipos del 0% utilizados para impulsar las ofertas de automóviles después del 11 de septiembre, la mayoría de los préstamos a plazos requieren el pago de intereses.

Sin embargo, he aquí una noticia: No es necesario tener la puntuación más alta para obtener un buen crédito. Cualquier puntuación superior a 720, más o menos, le permitirá obtener las mejores tasas y condiciones con numerosos prestamistas. Algunos, en particular los prestamistas de automóviles y de vivienda, reservan sus mejores ofertas para quienes tienen una puntuación superior a 760. No es necesario tener una puntuación de 850, o incluso de 800, para conseguir acuerdos increíbles. En caso de que esté en

Sus cuentas cerradas deben indicar "Cerrado por el consumidor", o perjudicarán su puntuación

La hipótesis detrás de este mito es que los prestamistas verán una cuenta cerrada en su informe de crédito y, si no están educados en general, aceptarán que un acreedor nauseabundo lo cortó porque usted hizo una chapuza de una u otra manera. Obviamente, como usted muy probablemente es consciente en este punto, numerosos prestamistas nunca observan su informe real. Ellos simplemente están echando un vistazo a su puntuación de crédito, que no podría importar menos que cerró una tarjeta de crédito. Fair Isaac calcula que si un prestamista cierra su cuenta, es ya sea por inactividad o porque usted incumplió. Si eso fue por impago, quedará suficientemente archivado en el historial de la cuenta. Si le hace sentir mejor ponerse en contacto con las oficinas y garantizar que las cuentas que cerró se registren como "cerradas por el consumidor", hágalo por todos los medios. Sin embargo, no hará ninguna distinción en su puntuación de crédito.

El asesoramiento crediticio es mucho peor que la bancarrota

A veces esto se expresa como "el asesoramiento crediticio es tan horrible como la bancarrota" o "el asesoramiento crediticio es tan terrible como la bancarrota". Ninguna de estas afirmaciones es válida. Un registro de bancarrota es la cosa más notablemente terrible que puede hacer a su puntuación de crédito. Por otra parte, la actual fórmula FICO ignora totalmente cualquier referencia a la orientación crediticia que pueda figurar en su informe de crédito. La guía de crédito es tratada como un factor imparcial, que no ayuda ni perjudica su puntuación. Los asesores crediticios, por si no conoce el término, tienen experiencia práctica en la gestión de tipos de interés más bajos y también en la elaboración de planes de pago para deudores que, de una u otra forma, pueden declararse en quiebra. Aunque los asesores de crédito pueden consolidar las facturas del consumidor en un solo pago mensual, no conceden préstamos -como hacen los consolidadores de deudas- ni garantizan la eliminación o liquidación de las deudas por una cantidad no exactamente igual a la principal.

El hecho de que la orientación crediticia en sí misma no afecte a su puntuación no significa, sin embargo, que la inscripción en un plan de gestión de deudas de un asesor crediticio deje su crédito saneado. Algunos prestamistas le reportarán como atrasado sólo por inscribirse en un plan de gestión de deudas. Su pensamiento es que usted no les está pagando lo que debía inicialmente, por lo que debería tener que soportar alguna agonía. Esa no es, de ninguna manera, la única forma en que podrían reportarte como atrasado. No todos los instructores de credito estan hechos equivalentes, y algunos han sido culpados por retener pagos de consumidores que fueron propuestos para los acreedores.

Cuando usted cierra sus muchas cuentas de crédito, su puntuación de crédito mejorará

Esto puede parecer logico pero es completamente falso. La forma en que se calculan las puntuaciones de crédito es en parte conocida como relación crédito/deuda. Las agencias que calculan su puntaje evalúan la cantidad de deuda que usted tiene y la cantidad de crédito que está disponible para usted.

Así que supongamos que tiene 10 tarjetas de crédito y que la disponibilidad de crédito asciende a 100.000 dólares y que sólo ha utilizado 15.000 dólares de ese crédito disponible, su índice de utilización de crédito se convierte en un 15%. Esto se conoce como positivo, ya que tiene el 85% de su crédito no utilizado.

Pongamos el caso de que cierras siete cuentas porque no las utilizas. Seguirás teniendo una deuda de 15.000 dólares, pero en este caso, la suma total de tu crédito ahora disponible baja a 30.000 dólares. Esto significa que su tasa de utilización de crédito se ha disparado en un 50%, por lo que su puntuación de crédito cae.

No cierre las tarjetas de crédito de esta manera. Es mejor guardar las tarjetas de forma segura. Y si existe la posibilidad de aumentar tu límite de crédito, hazlo. Mientras no lo maximices, ayudará a tu puntuación de crédito.

Una cosa que afecta a su puntuación es la cantidad de dinero que gana.

Esto no es cierto. Su puntaje de credito no lista los ingresos de los empleadores sino las cuentas de credito. Asi que sin importar lo que ganes al año; si eres un CEO que gana 3 millones al año o un trabajador de nivel básico que gana $30,000 al año, tus ingresos no determinan tu puntaje de crédito. Curiosamente, un director general rico, incluso con tanto dinero, podría tener una mala puntuación de crédito debido a la quiebra o a la sucesión de pagos atrasados en los primeros años.

La única forma en que sus ingresos pueden afectar a su puntuación crediticia es si lleva un estilo de vida de champán y sólo tiene un presupuesto de cerveza. Eso puede ser financieramente poco saludable para usted. Si sucede que usted se queda sin sus tarjetas, haciendo los pagos minimos y perdiendolas por completo, su puntaje gradualmente se convierte en un gran exito y llega a la cima, como debe ser.

Las puntuaciones de crédito tienden a cambiar sólo unas pocas veces al año

Las puntuaciones de crédito suelen estar en constante cambio. La información con la que se calcula su puntuación proviene de las instituciones financieras con las que mantiene relaciones comerciales. Si usted deja de hacer un pago, se reflejará casi inmediatamente. Si se adelanta a cerrar varias cuentas, la información tendrá un impacto en su puntuación mucho antes de 3 o 6 meses.

Al mirar su puntuación de crédito ahora, puede ser capaz de ver las últimas actualizaciones que se han hecho. El tiempo realmente

Una vez que se tiene una mala puntuación de crédito, es imposible obtener préstamos o créditos

Este mito se deriva de los anuncios que exigen una buena puntuación de crédito para obtener financiación. Curiosamente, casi todo el mundo puede conseguir financiación sin importar cuál sea su puntuación de crédito; tanto si se incrementa en los 800 como si se reduce en los 400.

Lo que la puntuación de crédito representa para las instituciones financieras es un nivel de riesgo, ya que esto determina en gran medida las condiciones de cualquier préstamo o crédito recibido. Digamos, por ejemplo, que alguien que tiene una puntuación de crédito de 800, el individuo será considerado de bajo riesgo para la institución financiera. Ya saben que esta persona paga a tiempo, tiene crédito disponible en gran cantidad y tiene longevidad con sus cuentas. Por lo tanto, esto se traducirá en un tipo de interés bajo y más crédito disponible.

Sin embargo, alguien con una puntuación de crédito de 450 será considerado de alto riesgo. La razón es que los préstamos y créditos estarán disponibles pero tendrán tasas de interés opresivas para muy pocos créditos.

Se puede tener un excelente informe de crédito si no se tiene crédito

La falta de crédito es algo bueno en algunos países pero no en los Estados Unidos. Si usted nunca ha tenido una tarjeta de crédito o un préstamo de coche, debe ser financieramente responsable. Pero en cuanto a los Estados Unidos, su historial de crédito determina su puntuación de crédito. Un buen historial de crédito equivale a una buena puntuación de crédito y viceversa.

En definitiva, la puntuación de crédito se construye. Las instituciones financieras que conceden préstamos y créditos quieren saber que usted pedirá dinero prestado y lo devolverá a tiempo junto con un interés. Una vez que ven eso, entonces usted está a salvo de cualquier riesgo.

Llevar un saldo a su tarjeta de crédito también ayuda a su puntuación

No, en absoluto. Para ser franco, tampoco lo perjudica. Pero te equivocarías si pensaras que mantener dinero en tu tarjeta ayuda a tu puntuación porque realmente no es así. Lo ideal es que pagues todos los meses los saldos de tus tarjetas para evitar pagar intereses en las compras. Si sólo pagas el mínimo, entonces no te estás haciendo ningún bien y estás desperdiciando tu dinero. La mayor parte de este pago mínimo puede abonarse a la compañía de la tarjeta de crédito, ya que sólo una pequeña parte paga el saldo.

Siempre que sea posible, no lleves saldo. Y si su saldo supera el 30% de su tarjeta, debería considerar la posibilidad de transferir la mitad a otra tarjeta. Cuando un tercio del crédito se utiliza en una tarjeta, entonces eso puede realmente dañar la puntuación de crédito. En un caso ideal, el saldo debería ser inferior al 30% del crédito disponible; cuanto más bajo sea, mejor para usted. Este será un buen momento para solicitar un aumento de la línea de crédito, de modo que al aumentar su línea en unos cuantos miles de dólares, su saldo se vea afectado y caiga por debajo del 30%, aumentando así su puntuación de crédito.

No puede recuperarse de una mala puntuación de crédito. Se queda con usted de por vida.

Si usted es uno de los que actualmente tiene una mala puntuación, no es el fin del mundo. Si está pagando tasas de interés exorbitantes ahora, no lo hará para siempre. Aunque, reparar y reconstruir requiere tiempo y paciencia.

Siga con lo básico y sea consecuente con ello. Abra nuevas líneas de crédito y pague las facturas de sus tarjetas de crédito a tiempo. Intenta no dejar de pagar nunca. Haga que sus saldos sean bajos en todo momento. Mantenga un ratio de uso del crédito muy constante pero bajo. No solicite muchas tarjetas o cuentas en un año.

Una vez que pueda hacer esto, incluso en medio de todas las dificultades financieras, su puntuación de crédito cambiará para mejor.

Desglose de las etapas y fases del crédito

El camino para restablecer su crédito puede ser accidentado, especialmente si tiene que empezar de nuevo desde cero. Lo principal que debe recordar es que necesita una base sólida para reconstruir su reputación. Varias pautas básicas pueden ayudarle a mantener el rumbo.

Sean cuales sean sus objetivos, una vez que su informe crediticio haya recibido el impulso que necesita, los esfuerzos para restablecer su crédito deben comenzar por usted. Aunque tenga grandes sueños, debe recuperarse poco a poco. No querrá dar un paso en falso y acabar cayendo de nuevo en la madriguera.

A menudo, después de pasar por un mal trago con el crédito, se tiende a renunciar a él para siempre. El voto de ir estrictamente al contado puede ser fuerte después de sobrevivir a un momento difícil con los acreedores y los cobradores. Sin embargo, no siempre es una decisión acertada. De hecho, podría dificultar aún más las cosas más adelante. Ha aprendido la lección sobre el mal crédito, pero ahora es más inteligente y sabe que el crédito en sí no es el malo, sino cómo lo utiliza.

Ahora tienes un objetivo de crédito, y sabes qué hacer con él. Sabe cuánto crédito puede cargar y seguir manteniendo su puntuación alta, y conoce la importancia de realizar los pagos a tiempo. Tiene todas las herramientas que necesita en su arsenal para comenzar su campaña de reconstrucción.

Sepa cuánto crédito necesita

Esto le dará una idea general de la cantidad de crédito que debe tener.

Para ello, debe determinar su relación entre deudas e ingresos. Cuando esté listo para solicitar un nuevo crédito, los prestamistas se fijarán en este porcentaje para tomar la decisión final de concederle un crédito.

La fórmula para ello es sencilla. Tome el total de su lista de obligaciones financieras y divídalo entre sus ingresos brutos mensuales. Esto le dará el porcentaje de crédito que debe tener en su arsenal. Por ejemplo, si su ingreso mensual es de $1500.00 y el total de sus gastos mensuales es de $800, la fórmula debería ser algo así

$$800/1500 = 53\%$$

Cuanto más alto sea este porcentaje, menos probable será que un acreedor esté dispuesto a concederle un nuevo crédito, incluso con una buena puntuación.

Empieza con algo pequeño

Puede tener grandes sueños, pero manténgalos dentro de unos límites realistas. Recuerde que está tratando de recuperarse de una enfermedad crediticia. Si hubiera estado físicamente enfermo hasta el punto de necesitar hospitalización, no volvería a casa del hospital y automáticamente retomaría su misma rutina. Usted construirá su fuerza un poco a la vez hasta que usted estaba de vuelta a la misma condición física que era antes.

Debería ver la reconstrucción de su crédito de la misma manera. No busque establecer una tarjeta de crédito bancaria no asegurada recién salida de la puerta-estos son probablemente los más difíciles de obtener.

A la hora de rellenar la solicitud, hay que tener en cuenta algunas cosas para que el proceso sea más fluido y los resultados se inclinen más a su favor.

No pongas más de tres solicitudes de crédito en un solo mes. Más de eso y su puntuación bajará.

No añada nada a su solicitud que no le beneficie de alguna manera. Algunos negocios le permitirán hacer compras sin un crédito establecido, pero sólo informarán a la CRA una vez que lo haya pagado. Sólo ponga esto en su solicitud si ha hecho pagos regulares y sabe que aumentará su puntuación.

A medida que pasen los meses y usted haga pagos regulares, puede comenzar a aumentar los montos de sus compras poco a poco. Su acreedor se dará cuenta de que está gastando con prudencia y probablemente dejará de lado la necesidad de seguridad de la tarjeta que tiene, y tal vez incluso aumente su límite. Recuerda que ellos ganan dinero cobrando intereses, así que cuanto más dinero pidas prestado, más pueden ganar. Aun así, no tienes crédito para mantenerlos, así que mantén el autocontrol y mantente dentro de tus límites y tu puntuación aumentará de forma natural.

Proteja lo que tiene

No importa lo mucho o lo poco que tengas de crédito, nunca lo des por sentado. Asegúrese de seguir las reglas y su crédito se mantendrá en buenas condiciones.

Con el crédito renovable (tarjetas de crédito), evite utilizarlas con demasiada frecuencia. Gasta sólo lo que puedas pagar razonablemente en un mes determinado. No cabe duda de que seguirá pasando por malas rachas aquí y allá, incluso las personas con buen crédito deben estar preparadas. Con la tarjeta de crédito que utiliza con poca frecuencia, acostúmbrese a hacer una pequeña compra de vez en cuando para que la cuenta no quede inactiva. Luego, pague el saldo total inmediatamente cuando lo haga.

Establezca una relación con sus acreedores. Así, si un mes acabas pagando con retraso, tienes un amigo al que puedes llamar para que te ayude a recuperarte rápidamente. Dejar de pagar o pagar tarde puede ser la sentencia de muerte para una puntuación de crédito recién recuperada. Cuantos más amigos tengas en tu esquina, más probable será que salgas airoso cuando eso ocurra.

Utiliza la automatización siempre que puedas. Todos llevamos una vida muy ajetreada, y puede ser fácil que una fecha pase sin que te des cuenta. Una forma de hacerlo es utilizar la tecnología moderna a tu favor, aprovechando los sistemas de pago automatizados.

Conclusión:

Después de leer este plan, tienes que elaborar un plan financiero que te ayude a empezar a pagar tus tarjetas de crédito de forma estratégica. Luego tienes que asegurarte de que, pase lo que pase, sigues este plan. Incluso si te encuentras en una situación de emergencia después de unos meses cuando tu coche se estropea, debes encontrar otra manera de conseguir tu financiación de emergencia. Es importante que continúe haciendo más que el pago mínimo a tiempo con todas sus tarjetas de crédito. Cuantas menos cuotas tenga que añadir a su saldo, más rápido podrá saldar la deuda de su tarjeta de crédito.

Otra forma de reducir la deuda de la tarjeta de crédito rápidamente, especialmente si está en descubierto y no ha realizado algunos pagos, es ponerse en contacto con la compañía de la tarjeta de crédito. Aunque mucha gente no se da cuenta, la mayoría de las compañías de tarjetas de crédito quieren trabajar con usted. La razón número uno para esto es que quieren mantenerte como cliente, básicamente, para poder seguir recibiendo tu dinero. Una estrategia a utilizar es llamar y decir que le gustaría cerrar su cuenta. Entonces tratarán de centrarse en mantener su cuenta abierta, lo que suele dar lugar a que le retiren algunas comisiones por impago o por sobrepasar el límite. Otra estrategia que se puede utilizar es simplemente explicarles lo que ha sucedido, por qué te has retrasado, y decirles que quieres poner tu cuenta al día. Suelen estar dispuestos a rebajar algunas comisiones o tanto dinero si estás dispuesto a pagar una determinada cantidad ese mismo día.

No lo dudes, pon en práctica inmediatamente todas las nociones del libro y mejora tu puntuación de crédito.